Birgit Swend

Nordpol
Wilder Westen
Sierra Madre
Timbukt
Bikini-Inseln
Feuerland
Ganz

tzbergen
Halbinsel Kola
Weißes Meer
n Hause
Roter Platz
Moskau
Kurdistan
Wüste Gobi
Innere Mongolei
China
Kamtschatka
Brahmaputra
Indien
Afrika
ap der Guten
Hoffnung
Norden
Westen
Osten
Süden
Welt

Lizenzausgabe für die Büchergilde Gutenberg,
Frankfurt am Main und Wien,
mit freundlicher Genehmigung
der Carlsen Verlag GmbH, Hamburg

Originalverlag: Bonnier Carlsen Bokförlag,
Stockholm 1992
Originaltitel »Resor jag aldrig gjort av Syborg Stenstump«
Lettering: Doris K. Künster
Lektorat: Ursula Heckel
Einband: Thomas Pradel
Printed 1997 in Spain by Artes Graficas, Toledo
ISBN 3 7632 4650 9
D.L. TO: 3 7-1997

Anna Höglund

Feuerland ist viel zu heiß!

Deutsch von Angelika Kutsch

Büchergilde Gutenberg

Hinter dieser Tür wohnt Stina Stenstump. Sie glaubt, daß sie alles über die ganze Welt weiß! Sie scheint nicht besonders oft auszugehen. Man sieht sie selten auf der Treppe.

Aber sie sagt, daß sie oft verreist.

Wir gucken wohl mal rein…

Ja, da liegt sie auf der Bank, die Nase in einem Atlas.

Wohin soll ich denn mal...
ATLAS
HAVANNA
Eine Perlenkette von Inseln
Durchs wilde Kurdistan

Am Nordpol ist es zu kalt...

Feuerfliegen
Auf Feuerland
zu warm...

und im Bikini fühl ich mich
nicht wohl...
wirklich nicht!
Bikini-Inseln

Aber hoch oben in der Sierra Madre gibt es einen merkwürdigen Hirsch. Den darf ich nicht vergessen!

Dann steig ich in den Bus
und fahr in den ...

Wilden Westen

PÄNG

Wirbelstürme können einen ganz schön durcheinanderbringen.

Auf der Halbinsel Kola gibt's gar keine
Cola. Da rudere ich lieber
schnell übers
Weiße Meer

nach ...

Moskau. Auf dem Roten Platz steht eine Apfelfrau.

Ich kaufe mir
einen Apfel
und gehe zum
Bahnhof.

Ich nehm
einen Zug …

und fahre durch das wilde Kurdistan. Als es dämmert, nähern...

wir uns...

Indien!
Horch, der Chor der Frösche am Brahmaputra!
Und guck mal, da schaukeln sacht
ein paar Götter auf den Wellen.

Über China leuchten
die Sterne und zeigen mir
den Weg. Ich fliege auf meinem
fliegenden Teppich.

Swissssch!!!

Was ist jetzt los? Der Morgen dämmert, und mein Teppich verliert an Geschwindigkeit, sinkt hinunter in den Sand der Wüste Gobi.

Ich hab schrecklichen Durst!
Ein innerer Mongole aus der
Inneren Mongolei zeigt mir den
Weg zum Meer.

Auf Kamtschatka ist es überhaupt nicht lustig.
Hier gibt's keine Menschenseele.
Nur einen traurigen Fisch.
Und mir tun die Füße weh.
Da will man nur noch nach Hause.

SEUFZ
WARUM?

Aber guck mal da!

Mit Rückenwind nehmen wir Kurs auf Timbuktu.

Nachdem wir das Kap der Guten Hoffnung umrundet haben, sage ich

danke und auf Wiedersehen

Auf dem Kamelrücken dringe ich …

tiefer und tiefer ins schwarze Afrika vor.

Der Weg ist so weit, und mir geht es gar nicht gut.
Das Kamel stirbt vor Erschöpfung.
SCHLUCHZ
Jetzt bin ich wirklich krank.
O nein! Krokodile!
KEUCH

Hilfe! Ist hier niemand, der mich retten kann?
Nee, hier gibt's offenbar nur mich.
Da, probier mal!
Jetzt kann ich nicht mehr, aber irgendwie schleppe ich mich halt weiter.

Und dann, vierzig Tage später:
Die Königin von Afrika!

Die Königin von Afrika sieht, daß ich krank bin, und mischt mir eine Medizin. Für das Mittagessen schlachtet sie ein Huhn. Bald geht es mir wieder so gut, daß ich helfen kann, das Getreide für die Brezeln zu mahlen.

Nach der Hühnersuppe fühl ich
mich wie ein neuer Mensch.

Im Wald rascheln die Tiere. Aber ich hab keine Angst. Die ganze Nacht esse ich Brezeln und trinke Palmwein mit der Königin von Afrika.
Bis...

Jetzt geh ich nach Hause. Tschüs!
NACH HAUSE
...zum nächsten Morgen.

KLOPF
KLOPF

Bist du das, Pekka? Na, so was! Komm rein oder bleib, wo du bist.